ESTAMPES, DESSINS, TABLEAUX

Objets d'Art

ET D'AMEUBLEMENT

TAPISSERIES

APPARTENANT A MONSIEUR X...

7 FÉVRIER 1914

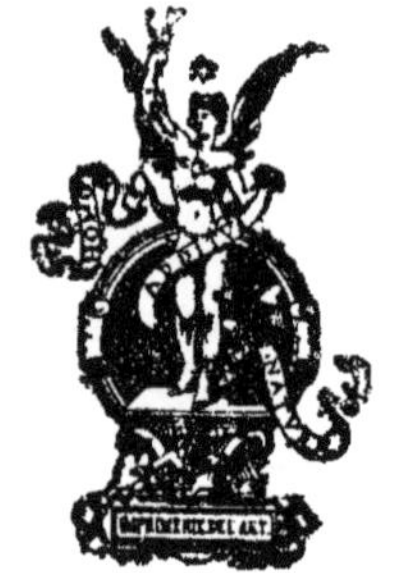

CATALOGUE

DES

Estampes, Dessins, Tableaux

PRINCIPALEMENT

DE L'ÉCOLE FRANÇAISE DU XVIIIe SIÈCLE

OBJETS D'ART

ET D'AMEUBLEMENT

CÉRAMIQUE

BRONZES ET OBJETS DIVERS

SIÈGES ET MEUBLES

TAPISSERIES, Etc.

Le tout appartenant à M. X...

Et dont la Vente aux Enchères publiques aura lieu à Paris

HOTEL DROUOT, SALLE N° 6

LE SAMEDI 7 FÉVRIER 1914

A deux heures

COMMISSAIRE-PRISEUR

Me F. LAIR-DUBREUIL

6, rue Favart

EXPERTS

MM. PAULME & B. LASQUIN Fils

10, r. Chauchat - 11, r. Grange-Batelière

EXPOSITION PUBLIQUE

Le Vendredi 6 Février 1914, de 1 heure 1/2 à 6 heures

CONDITIONS DE LA VENTE

Elle sera faite au comptant.

Les adjudicataires paieront *dix pour cent* en sus des enchères.

Paris. — Imp. de l'Art, Ch. Berger, 41, rue de la Victoire.

DÉSIGNATION

ESTAMPES

IMPRIMÉES EN NOIR ET EN COULEURS

BAUDOUIN (D'après P.-A.)

1 — *La Toilette,* par MASSARD.

Bonne épreuve. Rognée.

BONNET (LOUIS)

2 à 5 — *Le Déjeuner.* — *Le Diner.* — *Le Goûter.* — *Le Souper.*

Suite complète de quatre gravures imprimées en couleurs, d'après J.-B. HUET et P.-A. BAUDOUIN.

Très belles épreuves avec marge.

Cadres anciens, enrichis d'un nœud de ruban.

BOUCHER (D'après F.)

6 — *L'Amour frivole*, par BEAUVARLET.

Bonne épreuve. Marge.

Cadre ancien.

7 — *Jeune Femme demi-nue, assise sur un lit de repos.*

Gravure à la manière du crayon, par L. BONNET.

Rognée.

Cadre ancien.

BOUDIN (F.)

8 — *Les Amants surpris.*
Gouache. Signée.

DEMARTEAU (G.)

9 — *Paysage, berger et animaux.*
Sanguine, d'après Le Prince (N° 331). Marge.
Cadre ancien.

10 — *Tête d'Enfant*, d'après Boucher (N° 270).
A la sanguine.

11 — *Buste de Pierrot*, d'après Le Prince (N° 256).
A la sanguine.

12 — *La Danse allemande*, d'après Fr. Boucher (N° 203).
Belle épreuve à la sanguine. Remargée.
Cadre ancien.

DEMARTEAU et AUTRES

13 — *L'Enfant qui pleure. — Femme orientale. — Homme endormi. — Trois pièces : attributs.*
Six gravures à la sanguine (2-3-4-202-254).

ÉCOLE FRANÇAISE (xviiie siècle)

14-15 — *Le Jardinier. — La Jardinière.*
Deux estampes *imprimées en couleurs*. Rognées.

16-17 — *Gravures en médaillon.*
Trois pièces *imprimées en couleurs*, de forme ronde.

18 — Vingt petits portraits gravés : *Famille de Louis XVI. — Personnages de l'Affaire du Collier. — Marquis de Lafayette.*

GRIMM (D'après)

19 — *Captⁿ Conquest and his Baggage-Waggon.*

Pièce en couleurs.

HAMILTON (D'après)

20 — *L'Air. — L'Eau. — La Terre. — Le Feu.*

Suite de quatre gravures ovales en couleurs, par KNIGHT. Marge.

HUET (D'après J.-B.)

21-22 — *L'Amant écouté. — L'Éventail cassé.*

Deux gravures *imprimées en couleurs*, par L. BONNET. Petite marge.

Cadres anciens, enrichis d'un nœud de ruban.

KAUFFMANN (D'après ANG.)

23 à 26 — *Héloïse et Abélard*, et autres sujets.

Quatre gravures *imprimées en couleurs*, de forme ronde.

LE PRINCE (D'après J.-B.)

27 — *L'Amour à l'Espagnole*, par AUG. DE SAINT-AUBIN et PRUNEAU.

Belle épreuve. Marge.

LONGUEIL (DE)

28 à 32 — *Cinq pièces tirées de suites diverses*, d'après CH. EISEN.

Trois épreuves sont avant la lettre, une est tirée avec un cache, la cinquième est remargée.

MARIN (L.)-LOUIS BONNET

33 — *The Milk woman.*

Très belle et fraîche épreuve, imprimée en couleurs, avec l'encadrement rehaussé de dorure. Petite marge.
Cadre ancien.

MARTINET (Chez)

34 — *Les Boxeurs. — Le Boxeur blessé.*

Deux pièces en couleurs.

SAINT-AUBIN (D'après AUG. DE)

35-36 — *La Jardinière. — La Savonneuse.*

Deux pendants, *imprimées en couleurs.* Remargées.

SCHALL (D'après)

37 — *Don Quichotte.*

Quatre pièces, par DESCOURTIS, *imprimées en couleurs,* faisant suite.

SERGENT (A.-F.)

38 — *M. Necker*, d'après DUPLESSIS.

Belle épreuve imprimée en couleurs. Marge.

TAUNAY (D'après NIC.)

39 — *La Rixe*, par DESCOURTIS.

Superbe épreuve, *imprimée en couleurs.* Grande marge.
Cadre ancien.

40-41 — Sous ce numéro, lot de gravures non décrites, d'après ANG. KAUFFMANN et AUTRES.

AQUARELLES

DESSINS, GOUACHES

BLOMART

42-43 — *Bustes de Femmes.*

Deux dessins faisant pendants, de forme ronde. Signés et datés : *1788.*

CLÉRICEAU

44 — *Ruines antiques.*

Deux dessins aquarellés.

DESPREZ

45-46 — *Ruines de Temples antiques, à Pestum.*

Deux dessins aquarellés faisant pendants.
Cadres anciens.

ÉCOLE FRANÇAISE

47 — *L'Alternative.*

Dessin à l'aquarelle.

ÉCOLE FRANÇAISE

48-49 — *Contes de La Fontaine.*

Deux dessins aquarellés.

ÉCOLE FRANÇAISE (XIXe siècle)

50 — *Officier de hussards.*

Aquarelle.

ÉCOLE FRANÇAISE (XVIIIe siècle)

51-52 — *Paysages avec personnages.*

Deux gouaches faisant pendants.
Cadres anciens.

ÉCOLE FRANÇAISE (XVIIIe siècle)

53 — *Habitation près de ruines antiques, avec personnages.*

Grand dessin à la plume et au lavis.
Cadre ancien.

ÉCOLE FRANÇAISE (XVIIIe siècle)

54-55 — *Paysages.*

Deux gouaches faisant pendants.
Cadres anciens.

ÉCOLE FRANÇAISE (XVIIIe siècle)

56 — *Composition allégorique.*

Dessin au crayon et lavis, de forme ovale. Mis au carreau.

ÉCOLE FRANÇAISE (XVIIIe siècle)

57 — *Jeune Femme au masque. Portrait présumé de Made de la Popelinière.*

Pastel.
Cadre ancien.

ÉCOLE FRANÇAISE (XVIIIe siècle)

58-59 — *Paysages avec petits personnages.*

Deux gouaches faisant pendants.
Cadres anciens.

ÉCOLE FRANÇAISE (XVIIIe siècle)

60 — *Composition allégorique.*

Dessin à la pierre noire, lavis et rehauts de blanc.

ÉCOLE FRANÇAISE (XVIIIe siècle)

61 — *Arc de triomphe antique à Rome.*

Dessin à l'aquarelle.
Cadre ancien.

ÉCOLE HOLLANDAISE (XVIIIe siècle)

62 — *Feuille d'éventail représentant un marché public.*

Gouache.

FIXON

63-64 — *Réunions de cavaliers.*

Deux dessins au lavis rehaussé de blanc. Signés à gauche.
Cadres anciens.

HACKERT (J.-P.)

65-66 — *Pêcheurs au bord de la mer.*

Deux gouaches faisant pendants. L'une d'elles signée : *Backer d'Albe.*

LANDON

67 — *Enfants se disputant.*

Dessin au lavis, avec dédicace et signature.

LESUEUR (L.)

68 — *Paysage, vue de village et personnages.*

Gouache.

MOREAU L'AINÉ (LOUIS)

69 — *Le Bac. — L'Arc-de-Triomphe.*

Deux gouaches faisant pendants.
Cadres anciens.

PARROCEL

70 — *Cavalier.*

Dessin à la sanguine.

SWEBACH (ED.)

71 — *Le Maréchal ferrant.*

Dessin aquarellé, signé des initiales.

ROBERT (D'après H.)

72 — *L'Escalier et le Vestibule de la villa Médicis, à Rome.*

Deux aquarelles gouachées faisant pendants.

TABLEAUX

ÉCOLE FRANÇAISE

73 — *Portrait d'Homme en costume militaire.*
Toile.

74 — *Paysage, pâtres et animaux.*
Bois.

75-76 — *Paysages, bords de rivières et personnages.*
Deux peintures faisant pendants. Signées d'un monogramme.
Bois.

77 — *Les Pèlerins.*
Bois.

78-79 — *Paysages, rivière et personnages.*
Deux pendants.
Toiles.

80 — *Femme nue endormie.*
Toile.

81-82 — *Paysage, rivière et pêcheur.*
Deux peintures faisant pendants.
Bois.
Cadres anciens.

ÉCOLE HOLLANDAISE

83 — *Portrait de Jeune Homme tenant un arc et des flèches.*
Peinture sur bois. Signée : *Maes.*

DEBUCOURT (Attribué à L.-P.)

84 — *Le Goûter champêtre.*
Bois.

DROUAIS (Atelier de)

85 — *La Petite Fille au chat.*
Toile.
Cadre en bois sculpté.

LALLEMAND

86-87 — *Architectures antiques et personnages.*
Deux pendants.
Toiles.

MALLET (J.-B.)

88 — *Jeune Femme offrant des rafraîchissements à un jeune homme.*
Bois.

MIÉRIS (Attribué à)

89-90 — *La Collation. — Les Présents.*
Deux pendants.
Peintures sur cuivre.

NATOIRE (C.)

91 — *Jupiter et Diane.*
Toile de forme ovale.
Cadre en bois sculpté.

PALAMÈDES

92 — *Les Buveurs.*
Composition à nombreuses figures.
Bois.

REMBRANDT ET RUBENS (D'après)

93-94 — *Portraits d'Artistes.*
Deux peintures, de forme ovale, faisant pendants.
Bois.

CÉRAMIQUE

95 — Deux potiches couvertes en ancienne faïence du Nord de l'Afrique.

96 — Corbeille et son plateau ajourés en céramique blanche. — Corbeille à deux anses en ancienne faïence de Strasbourg.

97 — Deux petits sphynx en ancienne terre de Lorraine. — Une statuette d'homme debout en ancienne faïence. — Groupe de deux danseuses en porcelaine décorée. — Deux statuettes d'amours, porcelaine décorée.

98 — Soupiére ronde et son couvercle surmonté d'un oiseau, en ancienne faïence émaillée blanc, à reliefs de feuillages.

99 — Cinq plats variés en ancienne faïence, Strasbourg ou Midi.

100 — Douze assiettes variées et un plat en faïence ou porcelaine ancienne et moderne.

101 — Onze assiettes en porcelaine de Saxe, à pâte gaufrée et décor de fleurs.

102 — Vase formé d'un bas de cornet en ancienne porcelaine de Chine, à décor bleu. Monture bronze.

103 — Cinq pots à crème couverts en ancienne porcelaine de Locré. — Deux tasses et soucoupes en porcelaine de Saxe-Marcolini et Paris. — Soucoupe en porcelaine de Saxe.

104 — Six pots à crème couverts et une soucoupe en faïence. — Sucrier couvert en porcelaine. — Tasse et soucoupe en porcelaine genre Sèvres.

105 — Deux sucriers sans couvercle et une soucoupe lobée. Ancienne porcelaine tendre de Sèvres. Décor de fleurs.

106 — Grande soucoupe en ancienne porcelaine dure de Sèvres ; attributs dans des médaillons ; fond brun.

BRONZES

ET OBJETS DIVERS

107 à 109 — Sous ces numéros, dix cadres en bois sculpté et doré. Époque Louis XVI. (Sera divisé.)

110 — Buste d'homme en terre cuite.

111 — Mortier et son pilon. — Danseuse nue. — Baigneuse. — Petit cheval. Quatre pièces en bronze.

112 — Petit buste d'enfant en terre cuite peinte. — Lion couché en bois sculpté.

113 — Christ en bronze doré sur croix en bois ornée de motifs en bronze. XVIIe siécle. — Bénitier en bronze doré, de même époque.

114 — Groupe en ivoire sculpté : la Vierge portant l'Enfant Jésus.

115 — Petite vitrine en bois mouluré et doré.

116 — Paire de flambeaux Louis XVI en bronze argenté.

117 — Paire de flambeaux formés chacun d'une statuette d'enfant en bronze, sur socle en marbre mouluré de bronze. Commencement du XIXe siècle.

118 — Deux paires de flambeaux Louis XVI en bronze.

119 — Deux petits bustes en bronze : Voltaire et Rousseau, sur socles en marbre blanc moulurés de bronze et ornés de chainettes. Fin du XVIIIe siècle.

120 — Petit vase-cassolette en bronze patiné et doré, sur socle en marbre rouge, orné d'appliques en bronze. Empire.

121 — Série de poids. — Groupe de deux volatiles. — Petit masque de Napoléon. Trois pièces en bronze.

122 — Paire de vases en verre, à deux anses et bases en bronze doré. XIXe siècle.

123 — Deux paires de flacons en verre et montures de bronze doré. XIXe siècle.

124 — Boîte faite d'un coquillage, avec couvercle en argent gravé.

125 — Quatre verres taillés, gravés ou émaillés, dont un dans un écrin en cuir.

126 — Chope en argent partiellement doré, à décor de bas-reliefs. Ancien travail allemand.

127 — Poire à poudre en bois sculpté, à décor de trophées d'attributs.

128 — Deux plaquettes en bronze doré. — Deux médaillons ronds, d'après Clodion.

129 — Trois fixés sous verre et une bonbonnière décorée au vernis.

130 — Cinq netskés en ivoire japonais.

131 — Deux flacons, un cadran solaire en argent. — Un attribut maçonnique et un médaillon forme cœur.

SIÈGES ET MEUBLES

132 — Fauteuil de bureau à siège tournant en bois mouluré, garni de cuir. Époque Louis XVI.

133 — Deux fauteuils à dossier-médaillon en bois mouluré, couverts en ancienne tapisserie au point à semis régulier. Époque Louis XVI.

134 — Fauteuil à dossier rectangulaire, couvert aux siège et dossier d'ancienne tapisserie d'Aubusson : Personnage et animaux. Fin du XVIIIe siècle.

135 — Deux fauteuils, de forme contournée, en bois sculpté ciré, recouverts d'ancienne tapisserie au point à grosses fleurs et feuillages.

136 — Deux autres fauteuils analogues, également recouverts d'ancienne tapisserie au point.

137 — Deux fauteuils en bois sculpté ciré, recouverts d'ancienne tapisserie d'Aubusson à fleurs et feuillages.

138 — Commode, à deux tiroirs, en marqueterie de bois de couleurs. Signée : *Demoulin*. Dessus de marbre blanc. Époque Louis XVI.

139 — Bureau Mazarin, à huit pieds, en bois de placage. Époque Louis XIII.

140 — Grand bureau plat en marqueterie et orné de bronzes. Style Régence.

141 — Bibliothèque, à deux portes grillagées, en marqueterie de bois de placage, ornée de bronzes et dessus de marbre. Style Régence.

142 — Meuble, de forme contournée, ouvrant à tiroirs, portes et abattant, en bois de placage. Ancien travail étranger.

143 — Bureau, surmonté d'une glace, avec étagère et muni de tiroirs, en acajou et baguettes de cuivre.

144 — Petite table-bureau de dame en acajou et marbre blanc, orné de perlé et galerie ajourée en bronze. Époque Louis XVI.

TAPISSERIES

145 — Panneau d'ancienne tapisserie flamande du temps de la Régence, à sujet mythologique.

Haut., 2 m. 45 cent.; larg., 2 m. 15 cent.

146 — Deux petits panneaux, de même ancienne tapisserie : sujets mythologiques.

Haut., 1 m. 95 cent.; larg., 1 m. 30 cent.

147 — Petit panneau de tapisserie-verdure, de même fabrique et même époque.

Haut., 2 m. 20 cent.; larg., 1 m. 05 cent.

148 — Petit panneau de tapisserie flamande du XVIe siècle : groupe de personnages sur fond de paysage.

Haut., 1 m. 85 cent.; larg., 1 m. 70 cent.

149 — Quatre bandes et une garniture de cheminée en ancienne tapisserie du XVIIIe siècle.

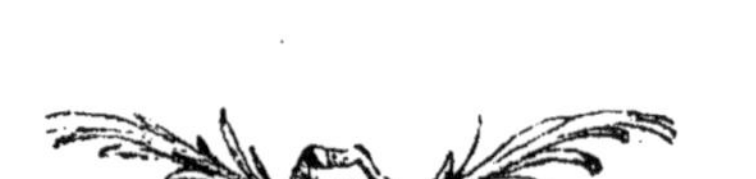

www.ingramcontent.com/pod-product-compliance
Ingram Content Group UK Ltd.
Pitfield, Milton Keynes, MK11 3LW, UK
UKHW020537180726
13839UKWH00006B/2564

Vente des Lundi 26 et Mardi 27 Décembre 1881

HOTEL DROUOT, SALLE N° 8.

PORCELAINES DE SÈVRES

OBJETS D'ART

DU

MOYEN AGE ET DE LA RENAISSANCE

MEUBLES ANCIENS — BRONZES D'AMEUBLEMENT

ORFÈVRERIE

25 TAPISSERIES — TAPIS ORIENTAUX — GUIPURES

BOIS SCULPTÉS

EXPOSITION PUBLIQUE

Le Dimanche 25 Décembre 1881

De une heure à cinq heures.

COMMISSAIRE-PRISEUR

Me PAUL CHEVALLIER, Succr de Me CHARLES PILLET

10, RUE DE LA GRANGE-BATELIÈRE

EXPERT

M. CHARLES GEORGE, 12, rue Laffitte.